AF227422

LETTRE

DE

Mazzini à Louis Napoleon,

TRADUITE EN FRANÇAIS

PAR UN RÉFUGIÉ POLITIQUE.

———

AVEC UNE PRÉFACE PAR

A. D. WOLFF.

Prix : Six Pence.

Vendu chez

HOLYOAKE, 147, Fleet Street; TRUELOVE, Strand, près
Temple Bar; JEFFS, Burlington Arcade; dans les Cabinets
de lecture de Cheapside et de Leicester Square,
et chez les Newsmen.

PREFACE.

La lettre dont nous donn ns la traduction est, empres-
sons-nous de le dire, toute consolante pour les défenseurs de
la liberté, privés dans l'exil des joies du foyer domestique, et
souffrant si souvent de l'absence du confortable qu'il procure.

Cette lettre prophétise ; nous prenons donc acte que M. Bonaparte peut encore vivre quelques mois, mais des années,
non. L'auteur se trompât-il même de plusieurs mois dans ses
prévisions, nous le lui pardonnerions volontiers.

Jamais, jusqu'à présent, plus de vérités n'avaient été mas-
sées en un si court espace. Les méfaits, les crimes de l'homme
de décembre sont énumérés avec méthode, exposés par ordre
de date. Il n'y avait jamais assez de cadavres dans ses comp-
tes. Tantôt c'était 191, tantôt 283, puis 1200, puis 150. On
sait maintenant d'une manière certaine, d'après un document
officiel, que le nombre des victimes massacrées à Paris seulement s'élève à *deux mille six cent cinquante-deux* ; que 100,000
honnêtes citoyens furent emprisonnés, transportés, internés. A
ce chiffre 2,652, si l'on ajoute le nombre bien plus considéra-
ble des victimes des départements, nombre que nous ne con-
naissons pas encore exactement ; puis tous les malheureux
exécutés secrètement, ceux morts dans les cachots, à Cayenne,
Lambessa, depuis la perpétration du coup d'Etat, sans parler
des masses de nouvelles victimes que l'on incarcère ou trans-
porte journellement, on aura l'idée de ce qu'il coûte de sang et de
liberté à son pays pour devenir et rester un parfait Empereur.

Autrefois un Gengis-Khan, seulement âgé de 13 ans, faisait bouillir soixante-dix ambassadehrs pour frapper leurs maîtres de terreur. Plus tard, il faisait réduire au cinquantième la
population d'une ville pour complaire à sa belle-mère, qui vou-
lait venger la mort d'un fils tué dans le siége. Les massacres

qu'il ordonna partout où il passait, particulièrement dans l'Inde et en Chine, furent tels que les historiens portent à cinq ou six millions le nombre des victimes égorgées.

Un Tamerlan mêlait jusqu'à soixante-dix mille têtes de prisonniers au ciment et à la pierre pour élever des tours, monuments de sa férocité. Il faisait passer sa cavalerie, au cri de *Allah*, sur les corps de mille enfants qui venaient au devant de lui, vêtus de blanc, portant le koran à la main, en signe de soumission, après avoir toutefois fait enlever les exemplaires du saint livre. Il détruisait Bagdad de fond en comble, moins les mosquées, les hôpitaux et les collèges, inconséquence sur laquelle appuient les historiens. Digne émule de Gengis-Kan, il dépeuplait, ruinait les contrées qu'il traversait.

Un Djezzar-le-Boucher, pacha de Saint-Jean-d'Acre, ordonnait et exécutait lui-même des mutilations dont le récit fait frémir d'horreur, et que nous épargnerons au lecteur.

Pourquoi l'insolent aventurier des Tuileries ne commet-il pas les mêmes atrocités que Gengis-Khan, Timour-le-Boiteux, Djezzar-le-Boucher, Phalaris avec son taureau d'airain, Procuste avec son lit, ou que Tibère, *boue pétrie de sang*, Caligula, Vitellius-le-Pourceau, Domitien, Commode, Héliogabale, et autres horribles monstres des siècles passés ? Ce n'est pas que M. Bonaparte soit moins cruel que ces tyrans ; c'est qu'il n'appartient ni aux mêmes temps, ni aux mêmes lieux. Mettez-le à leur place, il eût dépassé leur férocité. Ses actes étonnent plus aujourd'hui et soulèvent plus d'indignation que ne l'ont fait ceux commis par ces hommes dans les temps et pays barbares où ils ont vécu.

Autrefois on disait foi punique ; beaucoup ont dit ensuite foi grecque, foi moscovite pour caractériser la duplicité ; Mazzini nous démontre que l'on dira un jour foi Napoléonienne, tant l'homme ténébreux de décembre est l'incarnation du mensonge et de la trahison.

Voyez-le donc, ce misérable, s'évertuer à ternir la mémoire de sa victime, noble héros, Orsini. Il ne veut même pas être un scélérat parfait ; il faut qu'il compromette son caractère en s'abaissant jusqu'au vil métier de faussaire. Oui, Monsieur, vous êtes un faussaire, m'entendez-vous ? On vous a surpris dans un cabinet de votre palais des Tuileries, dont vous avez fait une caverne de brigands, on vous a vu, dis-je, à travers une ouverture traîtresse, entouré de vos complices, d'habiles récidivistes, comme vous; on vous a vu opérer avec votre cire, vos encres de toute nuance, vos faux cachets, vos plumes, votre papier préparés, vos planches, vos vernis, vos eaux fortes et tous autres instruments concernant votre métier. Toutes vos *manigances* sont connues, elles ne peuvent plus prendre. Le papier souffre tout, oui, mais pas les yeux et les oreilles de ceux que vous avez si souvent cherché à tromper. Il suffit maintenant que vous affirmiez pour qu'on nie, que vous niiez pour qu'on affirme. Tout ce qui passe par vos mains de regrattier est sali, altéré, dénaturé, falsifié. Vous voulez faire mentir l'histoire, monsieur ? Je vous jure, moi, qu'elle vous absorbera en entier, et que vous ne lui arracherez pas un lambeau de votre caractère à la fois piètre et infâme. Elle vous tient déjà dans ses serres puissantes, soyez sûr. Elle dit que vous êtes un peu grec et marqué à l'épaule.

Votre pouvoir despotique vous aveugle, vous prive de tout sens moral. Vous avez prétendu, par exemple, dans le procès d'Orsini, cacher, anéantir une partie des débats, tout ce que votre politique soupçonneuse, inquiète craignait de livrer à la publicité, et qui vous montrait dans votre véritable jour ; vous l'avez confisqué à votre profit, comme vous faites chaque matin de la pensée, en arrêtant les journaux étrangers à la douane de votre cabinet noir, et en traquant, à l'aide de vos censeurs les préfets, sous-préfets et mouchards, cette malheureuse presse française qui n'en peut mais, qui respire à peine, tant vous lui donnez la bastonnade. La vieille épée de Damoclès est toujours suspendue sur sa tête. A la moindre incartade, vous détachez un de vos muets pour poignarder par derrière un de ses tnobles enfants que vous n'avez pu acheter.

Non, allez, vous ne pouvez anéantir ces débats. En vain choisissez-vous votre auditoire, vos jurés parmi vos fournisseurs ; en vain défendez-vous de prendre des notes. La vérité, subtile comme l'éther, échappe et vient dire aux peuples : " Ces témoignages sont tronqués et dénaturés : bientôt je les rétablirai tels qu'ils doivent être, et vous les livrerai. " Puis en attendant l'édition qu'elle prépare, elle donne quelques fragments. Ainsi l'on sait qu'Orsini quand, violemment accusé par le séide Chaix-d'Est-Ange d'avoir violé le serment politique fait au gouvernement papal, arrêta le torrent d'invectives en s'écriant : "Arrêtez, monsieur, ou vous allez faire rougir

busto qui est au-dessus de vous," montrant du doigt celui de
l'ancien président de la république.

Je disais donc que M. Bonaparte est un faussaire; que les
mains sales de ses mouchards souillent votre correspondance,
vos secrets intimes. J'en viens, pour le prouver, à la pré-
tendue seconde lettre d'Orsini, document historique assez im-
portant pour mériter une courte analyse. Quelque supérieure-
ment que l'on puisse posséder une langue étrangère, quelque
profonde étude qu'on en ait faite, sauf de rares exceptions, à
moins qu'on n'ait vécu dès sa jeunesse ou de bien longues années étant adulte dans le pays où elle est parlée, il y a toujours
quelques nuances délicates qui vous échappent. Orsini, malgré sa connaissance intime de la langue française—nous aimons
à le constater pour rendre hommage à sa haute intelligence—
nous a donné la preuve de ce que nous venons d'avancer et
dans les débats, et dans son testament. On remarque, en effet,
dans ce dernier, des expressions telles que celles-ci :

„ J'écris de ma propre main les *suivantes dispositions que je
veux soient exécutées.*

" Mon argent déposé *près* M. le procureur impérial de la
Seine.

" Je veux que l'argent qui reste, *prélevés les frais sur-
nommés.*

" Sur la montre il faut *engraver* les mots suivants.

" Lesquels en devront disposer *a* profit de mes petites filles.

" J'autorise Hodge à retirer près de *soi.*

" Je veux que tous mes effets de *vestiaire existant près de*
M. Lasalle.

" Les autres effets déjà *lui* laissés avant mon arrestation. "

La lettre, au contraire, ajoute le *National* de Bruxelles, dont
nous avons fait les précédents extraits, est tout-à-fait exempte
deces fautes de langage, et écrite avec autant de correction et
d'élégance que l'eût fait un homme de lettres français con-
sommé dans l'art d'écrire. Elle est presque aussi longue que
le testament. Son style majestueux présente, j'ose le dire, plus
de difficultés grammaticales que ce dernier. Comment se fait-
il donc qu'elle n'ait pas la moindre faute? Ou le hasard fait
d'étranges choses, ou M. Bonaparte se laisse prendre une fois
de plus en flagrant délit. Cette lettre et ce testament ne sau-

raient être écrits par la même main. En vain montreriez-vous l'original de la lettre. On rirait; on vous sait, à l'aide de vos acolytes, habile fabricateur de toutes sortes d'originaux. Cette lettre a passé de la prison entre vos mains. Première raison pour en soupçonner l'authenticité.

Ce n'est pas tout. La dignité et le courage inflexible d'Orsini ne se sont pas démentis un seul instant : ses ennemis, votre clique même se plait à le reconnaître. Eh bien, après vous avoir appelé l'oppresseur de l'Italie, et quelques heures avant d'être *assassiné* par vous que l'on ne saurait *assassiner*, car par vos crimes, votre férocité, vos trahisons, vous vous êtes mis hors la loi, chacun a le *droit* de courir sur vous comme sur un chien enragé ou un tigre; eh bien, vous voulez que dans de pareilles circonstances, et lorsqu'il était tellement convaincu de ce *droit* de chacun, il aille se rétracter au point de parler de *votre générosité*, de la *sincérité de vos sentiments en faveur de l'Italie, exprimer des regrets envers vous, et son profond respect pour votre votre Majesté Impériale*, puis *réfuter le tyrannicide!* Votre raison est à son déclin, si vous croyez qu'on ajoutera foi à cette palinodie.

Cependant le motif de cette lettre fabriquée est facile à pénétrer. Frappé de terreur comme vous l'êtes nuit et jour, vous voyez luire à vos yeux, non sans raison, un poignard prêt à vous percer. Vous avez espéré qu'en prêtant à Orsini, la plus tragique personnification du conspirateur, le langage de commande qui se trouve dans la lettre dont nous nous occupons actuellement, vous avez espéré que cette bouillante jeunesse italienne, prête à marcher sur ses traces, écouterait la voix de l'homme dont elle chérit et vénère la mémoire, comme d'un héros, et qu'elle allait croire à la pureté de vos sentiments, s'éprendre de sympathie pour votre personne, et renoncer à tout attentat envers vous et les autres tyrans. Mais la découverte de la fausseté de cette lettre ne fera qu'accroître la haine et le mépris pour vous, s'il est possible à ces deux sentiments d'augmenter d'intensité. Oui, monsieur, vous êtes maintenant sous le coup d'une nouvelle accusation, vous avez voulu ternir son honneur, presque le faire passer pour un transfuge, un lâche !

O malheur, mille fois malheur et honte à vous qui refusez à vos victimes la dernière consolation! Autrefois cette consolation était un prêtre que l'on accordait toujours au condamné pour le salut de son âme. On l'accorde encore aujourd'hui, mais on commence à n'en avoir plus besoin pour le même objet. La plus grande consolation aujourd'hui pour une victime, c'est de mourir avec son honneur intact; ce sentiment la soutient, la fait marcher au supplice avec courage, et envisager la mort sans trop d'horreur. Eh bien, vous empoisonnez jusqu'aux derniers moments du patriote, car il est patent pour lui, dans les débats, que vous cherchez à le déshonorer. Vous le privez de toute communication avec un compagnon d'infortune, avec ses amis. A la férocité des Tibère et autres tyrans plus haut dénommés, vous ajoutez une petitesse, une bassesse qui leur était inconnue, et qu'ils n'auraient pas voulu commettre comme indigne d'eux.

Reposez en paix, ombres d'Orsini et de Pierri. Votre mémoire restera éternellrment vénérée de tout ami de la liberté. Nous tous exilés, nous formons les Etats-Unis de l'Europe, pour nous servir du mot d'un grand citoyen, illustre victime, proscrit comme nous; eh bien, nous le jurons, quand l'heure de la résurrection aura sonné, toutes les nations seront sœurs; plus de ces rivalités, plus de ces haines que le Bonapartisme fait ses efforts pour fomenter, à l'aide d'un Veuillot, le défenseur du papisme, de la Saint-Barthélemy, de l'inquisition et des dragonnades. Nous prêcherons la fraternité et nous nous soutiendrons mutuellemdnt. Si une nation dans les fers nous demande assistance, nous volerons vers elle par devoir, par sympathie, et même dans l'intérêt de notre propre bonheur, car il est impossible à un homme de cœur d'être heureux quand il voit son voisin souffrir; il faut qu'il le soulage, le console. Un être quelconque, un chien a droit à son assistance, à un morceau de pain, s'il souffre d'inanition.

Oui, nous le jurons par votre martyre, malheureuses victimes de la tyrannie et de la folie de votre cœur, nous abolirons la peine de mort d'une manière absolue, mais non sans avoir préalablement fait sur l'échafaud bonne justice de l'homme de sang et de boue qui a rétabli la peine de mort pour crimes poitiques. *Celui qui vit par le fer périra par le fer.*

Dormez, amis; puissé-je aller un jour jeter quelques fleurs sur votre tombe. Votre supplice, soyez-en sûr, a fait faire un grand pas à la cause du progrès. Toute l'Italie a tressailli à vos derniers accents. C'est de bon augure. Là, sur votre terre natale, on appelle, comme nous, l'homme de décembre votre assassin, oui votre *assassin*, quelque paradoxale que cette assertion puisse sembler à plusieurs esprits. Nous pouvons désapprouver votre moyen, à cause des innocents qu'il rend victimes, et des criailleries et clameurs de haro de l'ignoble canaille Bonapartiste, justifiées jusqu'à un certain point, et nuisibles au parti. Une bonne balle logée dans la tête du tigre est d'un effet plus sûr que mille éclats de bombe allant renverser au hasard des mouchards qui ramassent des pensions et ne sauraient compter comme victimes. Mais nous exaltons votre intention, votre but. Nous vous pardonnons donc l'imprudence du moyen en faveur du motif et de votre martyre.

Nous l'avons déjà affirmé ; cet homme ayant tout violé, constitution et lois, n'a nul droit de rendre justice. Mis hors la loi, quiconque peut courir sus à la bête féroce ; la tuer, nous le répétons, n'est pas assassiner. Ce voile noir du parricide, tout cet appareil serait donc risible, si, hélas ! il n'était lugubre.

Quant à nous, amis, si nous n'avons pas votre vertu, nous avons au moins le courage de protester, et de défendre votre mémoire. Et jusqu'à notre dernier soupir, nous poursuivrons sans relâche votre assassin, qui est aussi celui de l'infortuné Charlet ; et jamais des dangers de prison et d'exil ne pourront nous arrêter. Nous l'avons dit ailleurs, nous nous croirions indignes du parti du progrès auquel nous nous sommes rallié, si nous étions arrêté par une aussi mince considération. Nous attendons avec calme le *warrant* de la couronne, et sommes prêt à répondre à sa colère. C'est un devoir que nous nous sommes tracé ; nous l'accomplirons jusqu'au bout. Mais en même temps nous clouerons les Bodkin au pilori de l'opinion publique, comme on fait de certains oiseaux de proie à la porte d'un manoir, avec ces mots au-dessus : " Bête malfaisante clouée là pour cause de Bonapartisme."

La fin de la lutte approche, comme le dit le prophète Mazzini LA DÉMOCRATIE VAINCRA, car elle a pour elle le droit et la vérité. Un parti qui compte à sa tête des hommes d'un aussi grand cœur et d'une aussi haute raison que Victor Hugo, Schœlcher, Louis Blanc, Félix Pyat, Durieu, Ribeyrolles, Mazzini et tant d'autres, l'élite de l'Europe, ne saurait faillir.

Voyez-les donc, ces tyrans de l'humanité, Bonaparte et

Bomba en tête. Ils sont condamnés à une perpétuelle inquiétude. Pas de sommeil possible, pas de franche lippée, comme dit le bon Lafontaine. Les dangers dont ils se savent entourés les empêchent de goûter les jouissances les plus communes, les plus familières à ceux qu'ils appellent insolemment leurs sujets. De quelque côté qu'ils se tournent, l'hydre de la démocratie dresse la tête, pour me servir de leur langage. Veulent-ils accorder la liberté, ils ne le peuvent plus, ils ont commis trop de crimes. La presse, en leur jetant au visage leurs méfaits passés, amènerait bientôt leur chûte. Veulent-ils allourdir les chaînes qui écrasent déjà les peuples de leur poids? les murmures grossissent, ils se changent en orage qui gronde, gronde de plus en plus; les fissures de leurs trônes s'élargissent. Ils craquent. Ils vont bientôt voler en éclats.

Ainsi est-il de cette aristocratie anglaise qui sent approcher son agonie, et paraît obligée, pour raffermir ses institutions vermoulues, de s'appuyer sur l'homme sinistre des Tuileries. Il sait qu'il lui est indispensable ; aussi abuse-t-il de sa position, fait-il payer cher sa protection. Il se plaît à effrayer ses protégés de ses fanfaronnades, de ses grognements aussi gros qu'innocents.

Patience et courage, patriotes de tous les pays. La lettre que vous allez lire semble avoir pris ces deux mots pour devise.

Ad. Wolff.

A LOUIS NAPOLEON.

I.

.. — La dernière heure approche; le flot de l'impérialisme descend à vue d'œil. Vous le sentez bien. Toutes les mesures que, depuis le 14 janvier, vous avez décrétées en France—Toutes les notes diplomatiques, toutes les requêtes que, depuis ce jour fatal, vous avez lancées sur tous les points, proclament vos terreurs incessantes. Comme Macbeth, vous êtes dévoré par une agonie intérieure que trahissent tous vos actes, toutes vos paroles. Il y a au fond de votre âme un pressentiment qui vous crie que le *summa dies et ineluctabile fatum* sont suspendus sur votre tête. Le " Thane de Glamis, le Thane de Cawdor, le roi " — le prétendant, le président, l'usurpateur — sont condamnés. Le charme est rompu. La conscience humaine s'est réveillée; son œil sévère est fixé sur vous; elle vous examine; elle pèse vos actes et vous demande compte de vos promesses. De ce moment votre sort est fixé. La conscience humaine découvrira bientôt que vous n'êtes que le mensonge vivant; que la reproduction avortée d'un passé déjà loin et à jamais évanoui; une ombre pâle échappée de la tombe de Sainte-Hélène, sous cette auréole de gloire impérissable et de mission fatale, couronne de l'homme puissant qui y repose; qu'un simulacre de pouvoir, possible un moment, peut-être, comme négation, dissolvant, destructeur, mais incapable de rien affirmer, organiser, édifier qui puisse abriter et garantir l'avenir. L'humanité veut des réalités et non des fantômes ; il lui faut les évolutions de ce principe éducateur dont Dieu a fait la loi de la vie, et non le *fait* d'une heure, sans cause, arbitraire, anormal. Ce fait, elle le regarde un instant, avec étonnement, puis passe outre, et refoule dans sa tombe cette apparition malencontreuse. C'est là, Sire, où vous allez à grands pas. Vous pouvez vivre encore des mois ; des années, impossible.

Comme expiation d'un pouvoir illégalement usurpé, vous aviez promis de gouverner dans la paix cette France inquiète, remuante, perturbatrice. Mais emprisonner, bâillonner, transporter, est-ce donc *gouverner* ? Le gendarme est-il donc un professeur et l'espion un apôtre de moralité et de confiance mutuelle ? Au paysan ignorant de la France, vous aviez dit que votre empire était pour lui l'aurore d'une ère nouvelle, et que les charges, sous lesquelles il gémit, allaient disparaître une à une. En est-il *une* de disparue ? Pourriez-vous citer une seule amélioration à son sort, une seule taxe dont on l'ait déchargé ? Pouvez-vous expliquer comment il se fait que maintenant le paysan s'enrôle dans la *Marianne* ? Pouvez-vous nier que l'absorption, dans les canaux de la spéculation industrielle par vous ouverts, des fonds jadis consacrés à l'agriculture, n'ait enlevé au laboureur la possibilité de trouver des avances pour l'achat des instruments aratoires et l'amélioration des terres ? Vous avez amorcé le travailleur aveugle en déclarant que vous vouliez être l'*Empereur du Peuple*, une espèce de nouvel Henri IV ; que vous donneriez un travail durable, un salaire élevé et *la poule au pot*. *La poule au pot* n'est-elle pas, en ce moment, un peu chère en France ? Le loyer des maisons et quelques-uns des premiers besoins de la vie ne sont-ils pas plus chers encore ? Vous avez ouvert de nouvelles rues, percé, pour vos besoins de stratégie répressive, de nouvelles lignes de communication ; vous avez démoli et rebâti. Mais la masse des travailleurs appartient-elle donc à l'industrie favorisée du bâtiment ? Pouvez-vous indéfiniment, pour créer au *prolétaire* une source de travail et de gain, bouleverser Paris et les grandes villes de province ? Pouvez-vous songer à substituer à jamais ce remède factice et temporaire aux besoins d'une production régulière, normale, progressive ? La demande de production est-elle maintenant dans un état satisfaisant ?   Les trois cinquièmes des ébénistes, des menuisiers et des mécaniciens de Paris ne sont-ils pas sans travail en ce moment ?   A une bourgeoisie facile à effrayer et à fasciner, vous avez soufflé des rêves fantastiques, des espérances d'un redoublement d'activité industrielle, de nouvelles sources de profits, d'un accroissement d'exportation et d'échanges internationaux.   Qu'est devenu tout cela ?   La vie productrice de la France languit dans la stagnation ; les commandes au commerce diminuent ; le capital commence à se retirer.   Comme le barbare, vous avez coupé l'arbre pour cueillir le fruit. Vous avez artificiellement stimulé jusqu'à l'excès une spéculation déréglée, immorale, prodigue de promesses sans résultats ; vous avez, par des projets pompeusement annoncés et enflés d'une manière gigantesque, attiré à Paris, de tous les coins de la France, les économies des petits capitalistes, détournées ainsi des seules vraies sources permanentes de richesse nationale, l'agriculture, le commerce et l'industrie.   Ces économies se sont engouffrées et perdues dans les mains de quelques douzaines de spéculateurs marquants qui les ont dissipées dans les excès d'un luxe improductif, ou bien—et ici je pourrais citer des membres de votre famille—les ont prudemment mises en sûreté dans des pays étrangers.   La moitié des projets se sont évanouis en fumée.   Quelques-uns de leurs inventeurs, .par mesure de précaution, voyagent à *l'étranger*. Vous voici en présence d'une *bourgeoisie* mécontente, avec toutes les ressources normales épuisées, sous le poids de cinq cents millions de francs dépensés en travaux publics improductifs dans les principales villes de France, avec un déficit de trois cents millions visible dans votre dernier budget, avec la *ville de Paris* endettée au delà de ses ressources, sans autre remède proposable qu'un nouvel emprunt de cent soixante millions à ouvrir—non en votre nom, il ne réussirait pas—mais au nom du conseil municipal lui-même, et, pour faire face au fardeau des intérêts, le recul des barrières et, par suite, d'un *octroi* détesté, jusqu'à *l'enceinte* des fortifications extérieures. Ce remède pèsera lourdement sur les travailleurs et pourrait bien aigrir contre vous la *banlieue*, jusqu'alors si dévouée. Vos combinaisons artificielles sont à bout ; désormais, tout ce que vous tenterez pour faire face aux difficultés financières de votre situation sera un pas sur la fatale descente.   Vous avez jusqu'ici vécu sur une série interminable d'emprunts et de crédits ; mais quelles garanties offrez-vous pour la continuation de ce crédit ? Rome et Napoléon rançonnaient le monde ; vous, vous n'avez que la France à rançonner. Leurs armées vivaient sur les pays conquis ; il n'en peut être ainsi des vôtres. Vous pouvez bien rêver des conquêtes ; mais vous ne pouvez, vous n'osez les tenter. Les Dictateurs romains et votre oncle étaient eux-mêmes à la tête de leurs armées conquérantes ; mais vous, malgré votre goût pour les uniformes dorés et de parade, je doute que vous soyez capable de diriger même un petit nombre de bataillons.

Vous avez déclaré à la France que c'était dans son seul intérêt que vous combattiez l'anarchie ; que le gouvernement impérial était la meilleure, la plus sûre garantie d'une liberté vraie, sage, réglée ; que le Bonapartisme était une *idée*, un progrès sous un pouvoir énergiquement centralisateur ; qu'une aristocratie—presque divine—de capacités intellectuelles dévouées, ferait progresser sous votre direction la vie civilisatrice de la nation. Pouvez-vous signaler un seul vestige de liberté dans un pays descendu maintenant, grâce à vous, au dessous, je ne dirai pas de l'Angleterre, mais de la Belgique, de la Suisse, du Piémont, un pays où des centaines d'hommes sont *en ce moment* enfermés au château d'If pour être transportés en Algérie ou à Lambessa, sans l'ombre d'un jugement, sans être même conduits devant un magistrat ? Pourriez-vous, dans votre France impériale, signaler un journal, une revue indépendante ? — Un seul corps d'hommes assez indépendants pour exprimer les pensées, les désirs, les aspirations du pays ? Un seul pouvoir investi du droit de proposer des lois ? Un seul homme qui puisse être envoyé par le choix de ses concitoyens à vos simulacres d'assemblées, sans s'être préalablement engagé par serment à soutenir votre gouvernement despotique ? Pourriez-vous citer un seul homme, vraiment intelligent, qui, par sa présence dans vos conseils, appuie votre système odieux ? Non ; en dehors du cercle de vos complices, vous n'avez jamais pu trouver un ministre, un soutien. De Thiers à Guizot, de Cousin à Villemain, de Michelet à Jean Raynaud, la France intelligente fuit la souillure de votre contact. Vos hommes sont Veuillot, le prôneur de la Saint-Barthélemy et de l'Inquisition ; Granier de Cassagnac, le patron de l'esclavage des nègres, et ainsi des autres. Pour trouver un homme qui voulût endosser votre pamphlet adressé à l'Angleterre, il vous *a fallu* vous adresser à un apostat de la légitimité, à un apostat du républicanisme (1).

Naguères encore, vous vous vantiez devant l'Europe que le cœur de la France était à vous, qu'elle vous saluait comme son sauveur, calme, heureuse, tranquille. Quelques mois après, un craquement se fait entendre dans la rue Lepelletier, et, par des mesures sauvages, alarmées, repressives, par vos appels à l'Europe demi-menaçants, demi-alarmés, par le partage du pays en subdivisions militaires, par un sabre placé au ministère de l'*intérieur*, vous venez, après sept années d'un pouvoir illimité, avec une armée écrasante concentrée, après avoir purgé les rangs nationaux des chefs que vous redoutiez, vous venez déclarer que vous pouvez vivre et gouverner sans que la France soit convertie en une immense Bastille, et l'Europe en une vaste officine de police impériale. Quelqu'écrasée que soit la France, elle *ne peut* être convertie en Bastille; l'Europe *ne consentira pas* dans votre intérêt à devenir une succursale de votre police corse. Résignez-vous donc, Sire, et disparaissez. Votre Empire n'a été que mensonge, et les mensonges doivent être étouffés. Vous avez réduit à la spéculation la vie économique de la France ; sa vie religieuse, à une hypocrisie catholique ; sa vie politique, à une négation despotique du droit de liberté ; sa vie sociale, à une affaire de mouchard et de gendarme ; sa vie intellectuelle au néant. Votre gouvernement n'en est pas un, Sire ; — un gouvernement est une chose sacrée, qui implique le génie d'une nation libre, représenté, dirigé par les hommes les plus honnêtes et les plus capables ; le vôtre n'est que le fait profane, momentané d'un individu, un petit noyau d'aventuriers, quelques prêtres, et une armée prétorienne supprimant, *pro tempore*, le génie, la vertu et l'intelligence de leur pays. Et maintenant, les aventuriers réalisent en bons d'Amérique et en consolidés anglais le produit de leur pillage. Les prêtres

---

(1) M. de la Guerronnière, l'auteur supposé du pamphlet adressé à l'Angleterre, s'adressa en 1848 au Comité executif Republicain pour être autorisé à publier avec M. Pelletan un journal républicain semi-officiel.

vous dominent, prêts à vous abandonner à votre première hésitation dans leur carrière rétrograde ; les prétoriens, *avant d'étouffer l'émeute de Châlons*, courent s'informer à la préfecture de ce qu'annonce le télégraphe sur la situation de Paris. Tristes symptômes que ceux-là. Ne sentez-vous point la terre trembler sous vos pas ?

II.

Oui, l'Empire a montré qu'il n'était que le mensonge. Vous l'avez fait à votre image, Sire. Depuis un demi-siècle, aucun homme, en Europe, excepté Talleyrand, n'a menti autant que vous ; tel est le secret de votre pouvoir temporaire. A notre époque sceptique et mal affermie, on croit facilement aux mensonges ; mais ils n'ont pas de durée.

En 1831 (2), avec votre frère, vous avez appelé une *chose sainte* le mouvement des populations romaines contre le Pape, que depuis 1849 vous cherchez à flétrir de l'épithète de *démagogique*.

En 1833 (3), à Arenenberg, vous disiez que tous les nobles cœurs étaient exilés ou persécutés par les gouvernements, et que vous étiez *fier* d'appartenir à la famille des proscrits. Depuis, vous avez organisé contre eux une persécution incessante.

En 1836 (4), lorsqu'après la tentative de Strasbourg, Louis-Philippe vous envoyait en Amérique, vous déclariez que vous vous sentiez *coupable* envers lui et *profondément touché* de sa *généreuse clémence*, et vous vous engagiez à ne plus conspirer contre lui. Deux ans après, *vous conspiriez* contre lui en Suisse. Quatre ans après vous débarquiez à Boulogne.

En 1848, vous vous empressiez de venir "vous ranger sous le drapeau de la République (5)," et vous faisiez parade de votre dévoûment à sa cause.

La même année vous écriviez (6) : " En présence de la

---

(2) Letter du Général Sarcognani, 28 Février 1831.
(3) Adresse aux exilés Polonais, 12 Aout, 1833.
(4) Procès de Strasbourg.
(5) Lettre au Gouvernement Provisoire, 28 Février.
(6) Lettre à l'Assemblée Nationale, 24 Mai.

souveraineté nationale, je ne puis ni ne veux réclamer autre chose que les droits de citoyen français.

En novembre, comme candidat à la présidence de la République, vous écriviez : (7) " Il ne saurait y avoir d'équivoque entre vous et moi Je ne suis point un ambitieux rêvant l'Empire .. Elevé dans des pays libres, à l'école du malheur, je resterai fidèle aux devoirs que m'imposent vos votes et la volonté de l'Assemblée. Si j'étais élu président, je mettrais mon honneur à laisser, au bout de quatre ans, à mon successeur, le pouvoir fort et la liberté intacte."

Président, en décembre, vous écriviez : (8) Le serment que j'ai prêté dicte ma conduite future...... je regarderai comme ennemi du pays quiconque tenterait, par des moyens illégaux, de changer ce que la France entière a établi. "

Avant que vous n'eussiez prononcé ces paroles, Cavaignac avait projeté une expédition, dont le seul but était de garantir la sûreté personnelle du Pape. Ce plan, vous le blâmiez. "Il me serait impossible, disiez-vous, de donner mon adhésion à une démonstration militaire, dangereuse même pour les intérêts qu'elle veut protéger (9). " Quatre mois après, vos troupes débarquaient à Civita Vecchia.

En 1849 (10), dans une proclamation dictée au général Oudinot, vous déclariez que vous ne vouliez pas exercer sur Rome une influence oppressive ni rien imposer à son gouvernement de contraire à la volonté du peuple ". Trois mois après, Rome, son gouvernement, la volonté de son peuple étaient impitoyablement foulés aux pieds.

Peu après, en août (11), vous vous engagiez à obtenir pour Rome " une amnistie générale, une administration séculière, l'adoption des Codes français, et un gouvernement libéral ". Vos troupes sont encore à Rome ; vous n'avez rien obtenu, rien demandé.

En 1849, vous terminiez votre premier message (12) par

---

(7) Circulaire aux Electeurs, 29 Novembre.
(8) 24 Décembre.
(9) 2 Décembre 1848.
(10) Proclamation du 26 Avril.
(11) Lettre à Edgar Ney, 18 Août 1849.
(12) 31 Décembre 1849.

ces paroles : " Je saurai me rendre digne de la confiance de la nation en conservant intacte la constitution que j'ai jurée."

En 1850 (13), vous prononciez solennellement ces paroles : "Si la constitution contient des vices ou des dangers, vous êtes tous libres de les en faire disparaître. Moi seul, lié par mon serment, je suis engagé d'honneur à ne pas m'écarter de ses limites."

En 1851, peu de jours avant le *coup d'Etat* (14), vous disiez à l'armée : " je ne vous demanderai rien au-delà des droits qui me sont reconnus par la constitution. "

Et le 2 décembre même—lorsque le succès de votre tentative d'usurpation était encore incertain — vous proclamiez „ qu'il était de votre devoir de protéger la République. "

Alors vint la violation de tous les serments, de tous les engagements — la volonté ambitieuse d'un seul substituée à la volonté légalement exprimée de la nation—l'appel féroce à la force brutale, les ordres inexorables donnés à St-Arnaud — l'assemblée à demi-dispersée, à demi-emprisonnée, — les généraux arrêtés — la *France cosaque* lancée contre la *France républicaine.*—Paris livré à une soldatesque subornée, excitée, enivrée, impitoyable.—Les feux de ligne et de peloton contre la population inoffensive et désarmée des boulevards—le massacre exécuté méthodiquement dans le but de frapper de terreur les esprits de ceux qui allaient voter—les femmes, les enfants égorgés dans leurs maisons — les prisonniers fusillés.— Deux mille six cent cinquante-deux victimes (16) — quatre vingt huit représentants du peuple proscrits—100,000 hommes emprisonnés, transportés, *internés,* sans même un semblant de jugement—le triomphe—la comédie électorale.

---

(13) 12 Novembre, Message à l'Assemblée.
(14) 9 Novembre, aux Officiers.
(15) Proclamation, 2 Décembre 1851.
(16) Ces chiffres ont été constatés par une liste de la *Préfecture de la Seine.* L'auteur du Pamphlet Impérialiste parle de 150 victimes! Il oublie que la première liste donnée par le Gouvernement de Louis Napoléon comptait 191. Quelques jours après, le *Moniteur* du 28 août en comptait 383. Récemment, M. Granier de Cassagnac a déclaré que sur le boulevard seulement, il y avait eu 1200 tués. La fusillade des prisonniers est implicitement avouée dans le rapport du général Magnan, 2 Décembre.

Et vous espériez élever une dynastie sur ce système de mensonges, sur cet édifice de fange et de sang! Vous craigniez que l'idolâtrie transitoire, éphémère de tous les pouvoirs actuels pour le succès, prévaudrait contre la flétrissure de cette marque de Cain que Dieu et la justice ont imprimée sur votre front!

Sire, il y a quelque chose au-dessus du succès : c'est DIEU; quelque chose de plus fort que le *fait* : c'est le DROIT; quelque chose de plus élevé, de plus durable que l'idolâtrie : c'est le TEMPS. Pouvez-vous détrôner Dieu, effacer le Droit, abolir le Temps? Tant qu'il y aura un Dieu dans le ciel, une notion de droit dans le cœur de l'homme, un temps durable, aucun Empereur réel ou factice, aucun oncle-génio, aucun neveu à l'habileté satanique ne pourra, au XIXe siècle, substituer leur personnalité à la marche providentielle de l'humanité ; aucun individu, même avec l'aide des prêtres et des bayonnettes, ne sera assez fort pour se poser et dire : *Je suis la pensée irrésistible, irréprochable de trentecinq millions d'hommes,* sans être destiné à tomber, exemple pour les maîtres, enseignement profond pour les sujets. Aprè le passage du Rubicon, la dague vengeresse de Brutus; après les Tuileries, Sainte-Hélène; entre les deux une carrière brève, odieuse, pleine de remords; et après, l'histoire, la conscience universelle de l'humanité, qui flétrit à jamais le tyran. Telle est la loi sincère, inévitable, insurmontable. Vous avez spéculé sur la vie et la faiblesse; vous avez compté sur la terreur et la couardise ; vous avez, du regard perçant qui nie et dissout, sondé jusqu'au fond cette croûte de corruption déposée sur le cœur de vos compatriotes par le matérialisme du premier Empire, quinze années d'une opposition jésuitique et monarchique, l'égoïsme trônant sous le règne de Louis-Philippe et les songes anarchiques d'un socialisme sectaire ; et vous vous êtes dit : Ils sont à moi ! Vous avez oublié que, sous cette couche superficielle d'alluvion, restait intact le noble sol de la France, qui a donné naissance à Jeanne d'Arc et aux hommes géants de la révolution. Vous avez oublié que l'Europe, même officielle, adoratrice du fait, l'Europe athée, s'inclinerait devant vous aussi long-temps que la force du fait que vous cherchez à représenter augmenterait pacifiquement et progressivement, tandis que cette force est de plus en plus visiblement contestée et menacée.   Vous avez oublié qu'entre vous et l'Europe matérialiste, il y a des hommes que vous ne pourrez jamais ni plier, ni briser, dont la vie est l'incarnation d'un principe à l'œuvre depuis Marathon, dans la race européenne, et qui, à la fin, se montrera plus fort que vous, parce que ces hommes n'ont jamais froissé leurs serments et qu'ils ne combattent pas comme vous dans un intérêt égoïste et athée.   Nous, les hommes de Droit et de Liberté, nous avons renversé l'Inquisition et le grand Empire ; soyez-en bien certain, Monsieur, nous vous renverserons.

Nous vous eussisons déjà renversé si ce n'était l'Angleterre.

III.

Vous êtes bien ingrat, monsieur, envers l'Angleterre. Sans elle, sans l'appui que, dans un moment de mauvaise inspiration, vous a prêté le gouvernement anglais, vous seriez tombé depuis longtemps. C'est à l'Angleterre que vous devez, parmi les pouvoirs constitués de l'Europe, cette espèce de légitimité que vous n'eussiez jamais pu conquérir seul.   C'est l'alliance de l'Angleterre qui a jusqu'ici tenu en échec l'Italie et la France. Vous l'oubliez aujourd'hui.   Vous faites fréquemment allusion aux avantages que l'Angleterre a retirés de cette alliance ; vous en parlez comme si elle était un acte de votre conception.   Et comme beaucoup d'Anglais semblent encore égarés par la hardiesse de vos assertions, il est peut-être utile que, dans l'intérêt de la vérité, je rappelle ici la double protestation par laquelle je les combats.

L'alliance anglo-française n'est pas sortie de votre cerveau. C'est la pensée de la France et de l'Angleterre ; vous n'avez fait que de vous y soumettre.   Les tendances amicales sont nées graduellement d'une réaction naturelle contre cette longue et mortelle lutte historique, qui est arrivée à son *apogée* sous le premier Empire, du sentiment de la fatalité de ses résultats pour les deux nations, et de ce feu brûlant qui entraîne les âmes humaines à une fraternité universelle.   Ces sentiments, vous vous en êtes servi dans l'intérêt de vos projets ambitieux, et vous les avez momentanément pervertis. Au fond du cœur, monsieur, vous haissez l'Angleterre. L'antagonisme contre sa grandeur est chez vous une tradition de famille. Au fond de votre esprit étroit brûle encore le feu de la *vendetta* Corse, irrité de l'oubli dans lequel vous avez vécu pendant votre exil en Angleterre. Nous pouvons, nous, apprendre à aimer l'asile qui a abrité nos jours de proscription; les natures sensuelles et égoistes ne s'ouvrent qu'au sentiment qui fait trouver lourd et odieux le poids d'un bienfait. En 1836, devant la cour des pairs, vous déclariez que vous représentiez un *principe, une cause, une défaite; —que cette défaite était Waterloo, et que vous étiez résolu à la venger.* Haine à Albion, tel a été votre mot d'ordre dans les casernes, immédiatement après le *coup d'Etat*: la récente insolence de vos colonels n'en est que l'écho. Guerre à l'Angteterre, tel était alors, tel est encore aujourd'hui le songe de votre impuissance; les cartes géographiques pointées qui se trouvent dans votre cabinet pourraient en porter témoignage. Mais vous vous êtes vu faible, isolé, repoussé. Vous avez cédé à la nécessité et au mouvement des tendances populaires. Vous n'avez pas créé l'alliance, vous l'avez contresignée avec une restriction mentale.

L'alliance anglo-française, je le répète, est la pensée des deux nations. Les Anglais, trop fréquemment injustes à la République de 1848, ne doivent pas l'oublier. Le mouvement de février avait été salué avec joie — non certes par le monde officiel anglais — mais par la majorité du peuple britannique. Et jamais bon accueil ne fut reçu avec plus de joie et de reconnaissance que par les républicains de 1848. La tradition diplomatique ne fut pas même rompue un instant entre les deux nations. Lord Normanby— conservé officieusement à son poste pendant la première période — fut officiellement accrédité par l'Angleterre aussitôt que l'Assemblée eut donné sa sanction à la nouvelle forme du gouvernement. L'ambassadeur de Russie, M. Kisseleff, proposait, dès le commencement, une alliance étroite avec le czar contre l'Angleterre, qu'il appelait l'ennemi commun; cette proposition fut repoussée par la jeune République. Un général bien connu, exilé aujourd'hui, proposait, peu après, un plan d'invasion de flibustiers contre l'Angleterre, menaçant de détruire

Londres et ses sources de richesses, et ne demandait, pour la réalisation de ce projet, qu'un petit nombre de soldats, de navires et de vapeurs placés sous ses ordres. Ce projet fut repoussé avec indignation, et le général fut renvoyé à son commandement militaire, qu'il avait subitement abandonné pour faire sa proposition. Avec de tels sentiments, la moindre opportunité, la moindre avance du gouvernement anglais aurait, sans aucun doute, donné naissance à une alliance plus sincère, plus morale et plus fructueuse que celle à laquelle vous avez entraîné l'Angleterre.

Vous avez, vous, monsieur, en vous en emparant, souillé ces tendances. Sur cette chose sainte vous avez greffé vos projets égoïstes, vos vues ambitieuses. D'une réconciliation solennelle qui, sous la bannière de la liberté, eût été comme une bénédiction d'en haut sur l'humanité, vous avez fait un pacte hideux, démoralisateur entre la liberté et la tyrannie, entre la vie et la mort. L'Angleterre n'a été pour vous qu'un marchepied dans un intérêt dynastique ; l'alliance, un pont jeté entre vous et la défiance des pouvoirs européens.

Vos premières avances se sont adressées à la Russie. Vos tendances naturelles, la logique du despotisme et quelques vagues réminiscences des conférences du Kremlin vous entraînaient de ce côté. La Russie a repoussé vos avances ; le czar ne pouvait avoir confiance en votre parole. Vos agents ont vainement exploré toutes les cours d'Allemagne, en recherche d'un royal hyménée, d'une *quasi*-légitimation par mariage. Le monde dynastique de l'Europe vous était fermé. Le levier de la révolution vous était interdit ; la lancer contre les pouvoirs eut été un suicide. Alors, vous avez pensé à l'Angleterre.

Il vous fallait quelque chose qui constatât que vous aviez accepté parmi les pouvoirs légitimes une conférence diplomatique à Paris, votre signature au bas du traité de paix. La seule voie pour arriver à une paix, c'était la guerre. Vous l'avez provoquée. L'Angleterre vous y suivit à regret, mais avec une bonne foi absolue, et, le premier pas une fois fait, avec la ferme résolution d'en retirer quelque résultat pratique durable.. Il vous fallait encore, tout à la fois, éviter d'éveiller l'élément national insurrectionnel et jouer le premier rôle dans la guerre. Alors vous avez sacrifié le problème stratégique au problème politique. A Riga et à Odessa, vous avez préféré la Crimée. Là il n'y avait pas à craindre une insurrection polonaise, et pendant les longueurs d'un long siége, la supériorité naturelle de votre armée de terre sur celle de votre allié devait briller de tout son éclat. La guerre, réduite au siége d'un avant-poste, loin des parties vitales de l'Empire russe, vous laissait toute possibilité, pour l'avenir, d'ouvertures pacifiques près du czar ; cela vous permettait de lui dire un jour : L'Angleterre, une fois levée, vous aurait frappé au cœur — *moi je vous ai épargné*. Ainsi, grâce à vous, grâce à la faible condescendance du gouvernement anglais, la guerre, détournée de sa ligne naturelle d'opérations, se réduisit à un brillant *duel au premier sang*, sans autre résultat possible que le seul poursuivi par vous. Dès la fin de cette première phase, à l'instant où l'Angleterre commençait à comprendre à la fois la nécessité de cette lutte et sa vraie portée européenne, le czar consentit à différer pour un temps l'exécution de ses vieux projets sur l'Orient. Sur sa première proposition, sans garantie réelle pour l'avenir, vous vous êtes hâté d'accéder à ses désirs. Vous aviez entraîné l'Angleterre dans une guerre qu'elle commença à contre cœur ; vous l'avez contraint à accepter, à regret aussi, une paix insuffisante. Le congrès de Paris fut convoqué. Votre but était atteint. La question d'Orient a été ajournée, mais non résolue. La Pologne est encore couchée dans son linceul. L'empire turc s'affaisse au milieu des discordes civiles dans la conscience de son impuissance. Aucune barrière n'a été élevée pour l'avenir contre les empiètements de la Russie. Le czar se hâte de reconstituer sans bruit les ressources militaires de son Empire. La guerre apparaît déjà à l'horizon de l'avenir. Mais votre nom a paru au milieu de ceux des souverains depuis long-temps établis, au bas d'un protocole de paix ; et qu'une circonstance favorable se présente, vous pourrez dire à l'oreille du czar : "Je vous ai épargné", et combattre à ses côtés votre seule alliée. Seul vous avez recueilli tous les bénéfices de l'alliance ; l'Angleterre n'en a retiré aucun. Vous avez momentanément caché, sous les plis de sa bannière nationale, libre, le despotisme de votre pouvoir opprimé, afin de semer contre elle la défiance et la haine dans le cœur des nations opprimées. Vous lui avez aliéné les sympathies des populations slaves, hellènes et romaines de l'empire turc. Vous avez réussi à faire dévier ses hommes d'Etat de la véritable ligne de sa politique nationale—liberté civile, religieuse et politique pour toute l'Europe. Ne deviez-vous pas être satisfait? Ne deviez-vous pas vous abstenir prudemment de toute réclamation adressée à sa reconnaissance et à ses sympathies?

Ce n'est point à moi de discuter ce que vous poussez l'Angleterre à faire contre les exilés. Je suis moi-même un exilé et votre ennemi. Je ne puis descendre à discuter avec un pouvoir tyrannique sur ce que je regarde comme mon droit mon devoir; je le renverse si je le puis. On pourrait, interprétant mal mes paroles, y voir un plaidoyer pour nous, et j'évite cette possibilité. Je suis, moi, complètement indifférent à toute loi nouvelle qui pourrait affecter notre position; juste, je l'accepte; injuste, je m'engage à la violer, quoi qu'il puisse en résulter. Nous sommes en état de guerre; ce n'est pas nous qui l'avons *choisi*, cet état; on nous l'a imposé, on nous l'impose encore. La tyrannie nous a volé notre patrie et nous n'en avons plus; nous n'avons ni pouvoir qui nous protége, ni passeport, ni loi à laquelle nous puissions faire appel, ni justice sur la terre, si ce n'est celle que nous pouvons faire nous-mêmes. Sur tout le continent, par le seul fait que nous sommes républicains, que nous portons haut notre drapeau national, nous sommes déclarés *suspects*, et comme tels, emprisonnés, *internés*, privés de toute possibilité d'établissement solide, persécutés, traités comme des Parias, chassés comme des Ilotes. Pour moi, j'accepte les conséquences de ma position et je n'ai, comme exilé, aucun compte à rendre de mes opinions ou de mes actes à un homme jadis exilé et maintenant Empereur persécuteur. Mais, sans aucun doute, tout sujet natif anglais a le droit de répondre à vos plaintes et à vos réclamations et pourrait le faire à peu près en ces termes :

"Monsieur, vous avez vécu exilé en Angleterre. De ce pays, vous avez incessamment conspiré contre un roi constitutionnel envers lequel vous vous étiez engagé d'honneur à ne plus rien entreprendre ; et vous avez fini par y organiser une descente sur les côtes de France. Nous ne nous sommes point préoccupés de ce fait ; pourquoi donc voudriez-vous, aujourd'hui, nous faire modifier nos lois dans un but de surveillance et de persécution contre des hommes qui, à leur tour, tentent de renverser votre pouvoir despotique? Pourquoi abandonnerions-nous, dans votre intérêt, les vieilles traditions de liberté individuelle qui ont été l'honneur de notre pays, et décréter des lois qui, si elles devaient être mises à exécution, impliqueraient un système complet *d'espionnage*, d'actes de police secrète et d'interprétations arbitraires? Pourquoi abandonnerions-nous notre méthode honnête, claire, précise de définitions légales pour recourir à ces vagues formules d'exécution et d'instigation qui, dans votre pays, ont donné naissance à ces procès de *tendance*, si souvent flétris par vous, lorsque vous étiez encore un simple conspirateur sans couronne? Pourquoi, en un mot, serions-nous chargés de vous protéger? Et comment se fait-il que vous ayez besoin de protection? Est-ce que notre reine réclame votre appui contre des conspirateurs et des assassins? Vous avez voulu vous-même vous mettre au dessus et en dehors des lois; est-ce une raison pour que l'Angleterre fasse des lois pour vous? Vous vous êtes élevé au pouvoir sur des cadavres; pouvons-nous empêcher que le souvenir vivant des victimes suscite des vengeurs? Vous avez envoyé, vous envoyez encore, sans jugement, des milliers d'hommes languir et mourir dans les cachots de Cayenne; pouvons-nous éteindre la haine et ses conséquences dans les cœurs de leurs parents et de leurs amis? Il vous a plu de supprimer la liberté sous toutes ses formes—liberté de la presse, de réunion, d'association, de parole; vous avez fermé hermétiquement toutes les soupapes de sûreté du souffle puissant d'une nation qui aime par dessus tout la vie extérieure; est-ce donc à nous d'empêcher cette force comprimée de s'échapper par quelque issue inaperçue, irrégulière? Républicain encore alors, vous avez envoyé une armée bombarder, enchaîner, écraser, anéantir Rome républicaine. Cette armée d'envahisseurs impies y est encore; pouvons-nous, nous, supprimer la vengeance de Rome? Notre île devra-t-elle se changer en une officine de police pour garantir les jours de tous les hommes auxquels il plaît de devenir des tyrans, pour le roi de Naples, pour le Pape, pour le czar, pour vous ou pour Soulouque? Le poignard reste au fourreau quand le vote peut exprimer la pensée de l'homme; on ne lance jamais de grenades devant le char royal ou présidentiel en Angleterre, en Belgique, en Suisse, en Piémont, en Amérique. Ces pays ne vous demandent point

de lois contre les conspirations; vous nous en demandez, vous. Cela
ne démontre-t-il pas clairement qu'il y a quelque chose de dérangé
dans l'état de la France? Et devons-nous, sur votre ordre, faire des
lois dans le but de maintenir ce dérangement? Les conspirateurs, di-
tes-vous, vivent en Angleterre; c'est d'Angleterre que les vengeurs
viennent contre vous; mais c'est *vous* qui les y envoyez : où peuvent-ils
vivre ailleurs? De quel autre lieu peuvent-ils partir? Chaque année, tous les six mois, vos gendarmes nous amènent, *par étapes*, tous les
hommes désaffectionnés ou tous ceux qu'on regarde comme tels. Pouvons-nous nous charger d'organiser autour de chacun d'eux une surveillance étroite, secrète, l'espionnage? Pouvons-nous empêcher que
quelques-uns d'entre eux ne pénètrent de nouveau en France, quelles
que soient leurs intentions? Sommes-nous responsables si Kelch ou
Deron—en admettant la vérité de tout ce que dit votre pamphlet —
trouvent moyen de s'introduire dans Paris! et si Mazzini traverse, de
temps à autre, votre France gardée, espionnée et organisée comme un
camp? Vous avez maintenant une somme de trois millions de francs,
deux de plus que sous Louis-Philippe, ouvertement affectée à l'*espionnage ;* nous n'avons rien pour cet objet, nous. Ne sauriez-vous vous
garder vous-même sans tourmenter, calomnier, menacer vos voisins pacifiques, que cela ne regarde point? Vous citez des apologies du tyrannicide imprimées en Angleterre; eh bien, quoi? Devons-nous bannir
de notre école l'histoire ancienne de Rome et de la Grèce? Supprimer
les traductions du Guillaume Tell de Schiller? Prohiber comme cri-
minelle toute réédition de Milton? La presse est libre, dans notre pays.
Elle ne l'est pas en France; vous tenez en servitude toutes les manifes-
tations de l'esprit public de votre nation. Nous ne vous demandons
point, nous, de supprimer l'apologie du massacre des Huguenots ou la
réimpression du legs fait par votre oncle à Cantillon. Ne l'oubliez point,
Monsieur, le tyrannicide est moins le fruit de quelques pages de théorie
que du fait même d'une tyrannie odieuse. Supprimez cette tyrannie, et
vous aurez supprimé le danger contre lequel vous demandez en vain
'appui de l'étranger. Vous ne pouvez exiger que nous nous chargions,
si le fait existe, d'empêcher les conséquences fatales qui peuvent en dé
couler.

Telle est, Msr., la réponse que vous a implicitement faite l'Angleterre et que, j'en suis convaincu, elle fera toujours par la voix de son peuple et à vos demandes étroites et inexcusables. Par ces demandes, par les menaces indirectes dont vous les avez appuyées, vous avez fait un pas de plus dans votre carrière de décadence. Vous avez soulevé dans le cœur des populations le vieux sentiment d'indépendance du sang saxon. Vous avez dévoilé le prix honteux que vous voudriez mettre à une alliance stérile lorsqu'elle n'a pas été fatale. Vous avez démasqué au monde les terreurs qui, comme l'ombre du crime, marchent incessamment à vos côtés. Vous avez encore une fois éveillé le sentiment endormi dans la conscience des hommes de la dignité personnelle, et soulevé une résistance qui deviendra bientôt européenne. Vous avez fait évanouir le seul prestige qui vous entourait encore—l'approbation et l'amitié d'un peuple libre. Aujourd'hui, Monsieur, malgré vos paroles doucereuses, malgré vos déguisements diplomatiques, vous êtes *seul en Europe.*

IV.

Et l'Europe vous regarde, comme Banco regardait les Parques, prête à vous demander :

......Etes-vous un être vivant ? ou une chose que l'homme puisse discuter?

Et chaque question serait fatale à votre grandeur artificielle et empruntée Vous avez frappé de terreur l'esprit des hommes par la soudaineté de votre audace et l'apparence d'un succès complet. La terreur est dissipée, il n'est plus d'espoir pour vous. Vous ne pouvez soutenir l'examen.

L'Europe s'enquerra de l'origine de votre pouvoir et trouvera la réponse dans les pages historiques suivantes :

REPUBLIQUE FRANCAISE.

DECRET.

L'Assemblée nationale, réunie extraordinairement à la mairie du deuxième arrondissement,

Vu l'article soixante-huit de la constitution,

Considérant que la violence empêche l'assemblée de remplir son mandat,

Décrète :

Louis Napoléon Bonaparte est déchu de ses fonctions de président de la République.

Les citoyens sont tenus de lui refuser obéissance,

* * * * * * * *

Les juges de la Haute Cour de justice sont invités à se réunir immédiatement pour procéder au jugement du Président et de ses complices.

Signé,

Deux cent vingt membres de l'Assemblée.

2 décembre, 1851.

HAUTE COUR DE JUSTICE.

En vertu de l'article soixante-huit de la Constitution, la Haute Cour déclare :

*Louis Napoléon Bonaparte est accusé du crime de haute trahison.
Le grand jury national est convoqué pour prononcer son arrêt sans délai.*

Signé,

HARDOUIN, Président.

DELAPALME, PATAILLE, MOREAU, CAUCHY, Juges.

Paris, 2 décembre 1851.

L'Europe s'enquerra des moyens à l'aide desquels vous avez maintenu ce pouvoir usurpé. La réponse sera : par la terreur et la corruption — par l'anéantissement de toute liberté de parole et d'action — par l'institution de l'armée comme seul pouvoir de l'État — par l'expulsion du pays, sans jugement, de tous les hommes dont l'influence pouvait être un danger pour vous — par l'organisation systématique de la division entre la *bourgeoisie* et la *blouse* — par l'épouvante inspirée à la première à l'aide du fantôme du *socialisme*, par la corruption de la seconde à l'aide des promesses matérielles du bien-être physique.

L'Europe s'enquerra de la portée de votre influence et de vos tendances à son égard. La réponse sera : "Cet homme a assassiné Rome ; il y conserve, sans l'ombre d'un droit, une armée comme un poste avancé, évidemment destinée à servir ses ambitieux projets d'invasion ; il conspire, par dessous main, pour une insurrection Muratiste à Naples ; il apporte incessamment obstacle aux progrès de la liberté en Piémont, en Belgique et en Suisse ; par son czarisme, trônant au centre de l'Europe, il sème dans le cœur des populations le germe des périls d'une réaction immense.

L'Europe s'enquerra de votre position actuelle ; la réponse sera : "En finances, il court à la banqueroute ; en morale, aux dernières saturnales d'un despotisme menacé et condamné ; en politique, à l'isolement absolu et aux actes sauvages d'un homme qui doit, pour ne pas tomber supprimer toute liberté autour de la France."

Tombez donc, Sire, et que justice soit faite ! La France se réveille et va bientôt prononcer son verdict que sanctionnera l'Europe, je vous le dis, moi, la voix de Rome assassinée.

V.

La dernière heure approche. Le flot de l'impérialisme descend à vue d'œil, vous le sentez.

Lorsque César qui, croyant qu'il n'y avait plus de Romains, avait effacé le nom de la République, vit, par l'éclair d'un poignard, qu'il existait encore un Romain, il s'enveloppa de son manteau, courba la tête sous sa destinée et mourut en silence. Dans l'intérêt du nom que vous portez, faites comme César.

Courbez la tête sous le "poignard invisible" de l'opinion publique dont l'Europe et la France soulevées menacent de ruine votre pouvoir usurpé, et mourez comme Orsini, recueilli et résigné.

JOSEPH MAZZINI.

Mars, 1858.

Imprimé chez C. HOUSEFIELD, 3, Litchfield Street, Soho.